Marita Schroeder

Trainer als Coach – Ich lasse Dampf ab!

Marita Schroeder

Trainer als Coach – Ich lasse Dampf ab!

Mentale Stärken im Gespräch

Trainerverlag

Imprint

Cover image: www.ingimage.com

Publisher:
Der Trainerverlag
is a trademark of
Dodo Books Indian Ocean Ltd. and OmniScriptum S.R.L publishing group

120 High Road, East Finchley, London, N2 9ED, United Kingdom
Str. Armeneasca 28/1, office 1, Chisinau MD-2012, Republic of Moldova, Europe
Managing Directors: Ieva Konstantinova, Victoria Ursu
info@omniscriptum.com

Printed at: see last page
ISBN: 978-3-8417-5055-6

Inhaltsverzeichnis

Teil

II

Unverbindliche Anleitung für das mentale Fußball-Training

Teil

III

Erläuterungen

Vorwort

Ein Hochschuldirektor sagte einmal: "Ich glaube, dass der Begriff Psychologie im Sport immer noch abschreckend wirkt. Bei den Fußballclubs z.B. sind zwar Leute beschäftigt, aber sie geben nicht gerne zu, dass sie Sportpsychologen sind. Stattdessen nennen sie sich Betreuer oder Mentoren oder so ähnlich, weil sie ganz genau wissen, dass man sich über Sportpsychologen lustig macht, unter einem anderen Namen dagegen werden sie gerne eingesetzt"

Der Begriff "Psychologe" ist im Fußball bis heute nicht voll akzeptiert, obwohl es allmählich besser wird. Jedoch wird in der heutigen modernen Fußballkultur der Trainer immer mehr zum persönlichen Coach.
Durch eine klare und verständnisvolle Sprache, kurz, prägnant, und mit einem außergewöhnlichen Dialog möchte ich die Prinzipien und Werkzeuge für ein mentales Training anwendbar machen, damit ein Trainer und ein Hochleistungssportler in sich die Kraft erkennt, selbst in jeder Situation, einen Wandel herbeizuführen.

Hinter jeder Spitzenleistung steht eine starke Sehnsucht

Widmung

Für meinen väterlichen Freund Joki, der mir immer wieder lehrte, dass man alles nur in sich selbst findet, als Anleitung fürs Leben!

Einleitung zum besseren Verständnis

I.

Wo stehen wir, verdammt noch mal; am viertletzten Tabellenplatz. Wieder eine schweißtreibende Nacht, in der ich nicht schlafen konnte. Ich brauche mir aber meine Fehler weder zu erzählen, noch vorjammern – viel wichtiger ist es, was ich daraus mache!

Heute dachte ich mir, dass im Fußball nur zwei Elemente bestimmend sind: Konzentration und Harmonie! Die Konzentration auf den entscheidenden Augenblick und die Harmonie, das Einssein mit den entscheidenden, den Erfolg bestimmenden Faktoren. Die Harmonie mit mir – mit dem gesamten Spiel – den Spielern – dem Ball – dem Gegner – dem Ziel.
Genau in diesem Moment viel mir mein väterlicher Freund ein, mein großer Lehrmeister…

So so, du willst also der bester Trainer und Coach der Welt werden?
Ja, antworte ich.

Schaust du dir eigentlich immer große und auch internationale Matches an? Beobachtest du dabei auch jeden einzelnen Spieler? Da kann man sehr viel dabei lernen, denke ich, wenn man Spieler auch mental trainieren möchte.

Und wieder bin ich bei den beiden Elementen angelangt. Auf diese muss sich alles aufbauen, auch im Training. Wie konzentriert man sich auf den entscheidenden Augenblick? Wie legt man vor dem Spiel alles Störende im Denken – wo ja die Zweifel oder auch die Angst beginnt – ab. Durch Freischreiben, Freisprechen etwa?

Wie fokussiert man die Konzentration durch das ruhige Atmen – ja, das Atmen, fast hätte ich es vergessen.

Mein väterlicher Freund, was heißt denn das Einssein mit dem Gegner?
Ich will es dir sagen.

Einssein mit dem Gegner heißt: Erspüren, was er machen wird und ihm im entscheidenden Moment den Ball abzunehmen, bzw. Einssein mit dem Tormann beim Torschuss und instinktiv den Moment seiner Schwäche, seiner Unkonzentriertheit, zu spüren. Im Schwertkampf oder Karate heißt es nach einem Zen-Prinzip: Schlag mit dem Ausatmen zu, wenn der Gegner einatmet. Konzentration und Harmonie haben sehr viel mit der Persönlichkeit zu tun.

Jetzt war ich an dem Punkt angelangt, diese beiden wichtigen Faktoren in mein tägliches Trainingsprogramm aufzunehmen.

Sage mir, wie komme ich dahin?

Vergiss erst mal alles, was du in der Fußballschule und in all deinen Seminaren gelernt hast, und gehe von der Frage aus: Was will der Spieler von mir? und nicht von: Was will ich dem Spieler beibringen, was erwarte ich von ihm. Der Spieler will Tore schießen, Anerkennung beim Trainer, beim Publikum. Er will aufgestellt werden und in der Zeitung gelobt werden. Er will berühmt werden wie Péle oder Beckenbauer.

Die Frage ist nur: Welchen Preis ist er bereit dafür zu zahlen, und welche Voraussetzungen bringt er mit. Wenn du also sein Vertrauen und seine Mitarbeit willst, musst du immer davon ausgehen:
Was will ER und wie "verkaufe" ich ihm das, was ich von ihm will so, dass er

glaubt, dass es ihm nützt, ein toller Spieler zu werden und alle störenden Gedanken sind unter Kontrolle zu bringen und zu bändigen!

Joki, war das jetzt ein bisschen Kicker-Philosophie?
Ich musste innerlich leicht schmunzeln…

Die letzten Tage habe ich mir noch sehr viele Gedanken gemacht über Motivation, mentale Stärke, Konzentration, Willensstärke, Ausdauer, Harmonie, Atmung, innere Gelassenheit, Ziele. Was macht ein Spieler, wenn die Motivation auf Grund vieler Niederlagen verloren gegangen ist. Wie bekommt er wieder Vertrauen in sich und seine Fähigkeiten. Wie schafft er es seine Ressourcen abzurufen. Wie wird der Kopf frei für das Spiel. Jedes Spiel ist ein neues Spiel. Altes muss losgelassen werden, sonst ist kein Platz für den Sieg. Ein Spieler muss lernen, erst im Kopf zu gewinnen, bevor er das Spielfeld betritt.

Die Sieg-Philosophie muss lauten: Wir reden nicht vom Spielen, denn spielen tun die Verlierer auch. Wir reden nur von Siegen. Und der Sieg beginnt damit, dass zuerst jeder einzelne Spieler alle Hindernisse besiegt, die ihn daran hindern zu siegen. Und die Antwort darauf sind Gedanken-Schritte, die mir gerade durch den Kopf gehen. Darauf komme ich aber später zurück.

Wenn ich mir ein WM-Match anschaue, denke ich immer: Wieso geht der Pass fehl, wieso schießt der Spieler soweit übers Tor? Wieso fängt der Keeper den Elfmeter nicht? Fast immer komme ich zu dem Punkt: Es ist diese verdammt fehlende Konzentration. Und: Der Schütze ist im Augenblick der Aktion nicht EINS mit Sich+Körper+Geist+Ball. Schlussfolgerung also: Ich muss die Spieler auf genau diese Situation vorbereiten. Ich muss ein Programm erstellen! Wie muss so ein Programm ausschauen? Was sind die Elemente die mitspielen? Wie kann ich sie vermitteln, trainieren? Die Persönlichkeit, die Atmung als

Entspannung und Spannung. Einatmen als Energieaufladung – Entspannung als Energieloslassen. Und da ist die Frage des Entleeren des Geistes vor dem Match. Ich weiß ja wie es ist, wie alle vor dem Spiel aufs Klo rennen – Körperentleerung.

Aber wie entleert man den Geist, um frei zu sein, für die eine Sache im Hier und Jetzt! Das scheinen die wenigsten zu realisieren. Ich habe oft erlebt, wie ein guter Spieler im Match total versagte, weil er während des Spiels den Anruf seiner Frau ständig im Kopf hatte, die Tochter sei weinend aus der Schule heimgekommen und sagt nicht, was mit ihr passiert ist. Also, muss doch die Vermittlung solcher Zusammenhänge das wichtigste Kapitel auch für mich als Trainer und Coach sein. Und da denke ich, auf das Problem des Spielers einzugehen. Praktisch heißt das für mich: Den Spieler zu fragen: Warum hast Du so oft daneben geschossen, was meinst Du? Was hast Du vor dem Match gedacht, erlebt und was bei dem Einlaufen?

Eine große Ursache für viele Fehlschläge ist oft der Mangel an Konzentration.

Motivation oder mentale Stärke?

Am 25.Mai 2005 trafen der AC Mailand und der FC Liverpool im Champions-League-Finale aufeinander – eine der fesselndsten Partien in der Geschichte dieses Wettbewerbs, vielleicht sogar die beste aller Zeiten. Zwar bot das Spiel nicht die fußballerische Glanzleistung, die Real Madrid 1960 bei seinem 7:3 Sieg gegen Eintracht Frankfurt gezeigt hatte, und die Mailändern waren auch technisch so überlegen wie ihr Team von 1994, das den FC Barcelona mit 4:0 vom Platz fegte. Nein, aber zum ersten Mal in einem Europapokalspiel gelang es einer Mannschaft, die in der ersten Halbzeit absolut unterlegen gewesen war, einen Rückstand von drei Toren aufzuholen, sich mit unglaublichem Mut und fast übermenschlicher Ausdauer eine zweite Chance zu erkämpfen und schließlich im Elfmeterschießen den Sieg davonzutragen. Der Welt wurde ein Paradebeispiel für den Siegeswillen eines Teams präsentiert. Liverpool war mental überlegen und nutzte diese psychologische Stärke optimal aus. Dazu brauchten die Engländer allerdings ein wenig Unterstützung. In der Verlängerung war Mailand nämlich wieder zu sich gekommen, so dass Liverpool höchste Gefahr drohte.

In der Schlussminute gelang Andrej Schewtschenko ein Kopfball aus kürzester Entfernung, den Liverpools Torwart Jerzy Dude nur wegfausten konnte, und als Schewetschenko dann die Möglichkeit zum Nachschuss hatte, sah es so aus, als sei Dude bereits geschlagen. Mit einem unheimlichen Reflex schaffte er es aber, den Ball doch noch zu halten. Dass in diesem Augenblick der sicher geglaubte Siegtreffer für Mailind nicht fiel, war ein vernichtender Schlag für die Mannschaft, vor allem für Schewtschenko. Welche Konsequenz dieser Vorfall noch haben sollte, zeigte sich kurze Zeit später, als sich Dudek und Schewtschenko beim alles entscheidenden Elfmeter gegenüber standen.

Geht ein unentschiedenes Spiel ins Elfmeterschießen, so muss der Trainer jene Spieler auswählen, die der Aufgabe gewachsen sind.

Außerdem muss er ihnen Selbstvertrauen geben, indem er sie mental auf die bevorstehende Herausforderung vorbereitet. Liverpools Trainer Rafael Benítez war sich über zwei unerfreuliche Tatsachen im Klaren. Liverpool hatte sieben der letzten 15 Elfmeter verschossen, während die Italiener erst zwei Jahre zuvor das Champions-League-Finale gegen Juventus Turin im Elfmeterschießen gewonnen hatten. AC Mailands Torwart Nelson de Jesus Dida hatte damals drei Elfer gehalten, und da er in wichtigen Begegnungen stets besonders stark spielte, war ihm das durchaus wieder zu zutrauen. Zum Glück wird Benítez nie nervös, sondern strahlt selbst unter dem größten Druck noch Ruhe aus. Kurz vor einem Elfmeterschießen sind reißerische Sprüche nämlich absolut unangebracht, denn die Spieler müssen sich sammeln, um sich auf die bevorstehende Aufgabe zu konzentrieren.

Benítez ist also die Ruhe in Person, wenige Schritte entfernt spielt sich jedoch das absolute Gegenteil ab: Die Fernsehkameras halten fest, wie Jamie Carragher, einer von Liverpools Helden, auf Torwart Dudek einredet. Mit wilden Gesten bläut er Dudek ein, an "Brucie" zu denken. Damit meint er Liverpools ehemaligen Torhüter Bruce Grobbelaar, der im Europapokalfinale von 1984 den Elfmeterschützen des AS Rom durch sein Gezappel auf der Torlinie so nervös gemacht hat, dass dieser verschoss. Dudeks Mine ist ruhig, fast belustigt, doch er hört Carragher aufmerksam zu. In dieser Phase ist er mit sich "im Lot", seine gerade geglückten phantastischen Paraden haben ihn optimal auf die bevorstehende Aufgabe eingestellt. So etwas geschieht, wenn Sportler sich absolut sicher fühlen und davon überzeugt sind, dass sie das Spiel voll im Griff haben. Psychologische Erregung bedeutet dann eine zusätzliche Motivation.

Zum Glück wählt der Trainer Carragher ihn nicht als Elfmeterschützen aus – zwar hätte er seine Mannschaft sicher nicht im Stich gelassen, wenn man ihn gefragt hätte, doch im Gegensatz zu Dudek ist er nicht nur körperlich am Ende, sondern gleichzeitig gefährlich aufgewühlt und damit nicht in der richten Verfassung, um die erforderliche Leistung zu bringen.

Auch als Dudek an dem für das Elfmeterschießen ausgewählten Tor, hinter dem hauptsächlich Milan-Anhänger stehen, Mailands Torwart Dida begegnet, offenbart sich sein enormes Selbstvertrauen. Die Fernsehbilder zeigen, dass Dudek gegenüber seinem Torwartkollegen auf jegliche Psychotricks verzichtet – die spart er sich für das Elfmeterschießen und die Schützen auf, die ihm wenig später gegenüber stehen werden. Die Fans sehen also nur zwei Spieler auf dem Feld, die gemeinsam vor der schwersten Prüfung stehen, die es für einen Torwart gibt.

Als Mailands Serginho zum ersten Elfmeter antritt, macht Dudek einen entscheidenden Schachzug: Er verlässt die Torlinie und geht zum Elfmeterpunkt, um Serginho etwas zu sagen. Der Schiedsrichter gestattet das natürlich nicht, sondern winkt Dudek zurück, doch der hat mit dieser Aktion dafür gesorgt, dass Serginho ihn wahrnimmt: "Hallo, ich bin's. Ich habe gerade einen unhaltbaren Schuss eures besten Stürmers pariert, und in wenigen Sekunden geht es um deinen guten Ruf!" Der Torwart begibt sich also zurück auf seine Position, doch als er sich wieder zu Serginho umdreht, liefert er eine außergewöhnliche Darbietung: Er springt wie wild auf der Torlinie herum, noch viel extremer als seinerzeit Grobbelaar, und jede Bewegung ist genau berechnet. Dudek muss seinen Erregungszustand aufrechterhalten, und heftige Bewegungen helfen ihm dabei. Außerdem zeigt er Serginho dadurch, welch großen Teil des Torraums er abdeckt.

Die erste Aktion hat den Stürmer bereits verunsichert, und jetzt ist er völlig aus dem Konzept und kann sich nicht mehr konzentrieren. Eigentlich hätte er nur an die bevorstehende Aufgabe denken dürfen: seinen Anlauf, den richtigen Ballkontakt und den Schuss, der ins Netz trifft. Stattdessen muss er sich diese Albernheiten ansehen! Er wirft einen Blick zum Schiedsrichter, aber aus dieser Richtung kommt keine Hilfe. Dudeks Verhalten ist zwar absolut unorthodox, aber nicht regelwidrig. Serginho denkt sich also: "Damit ist jetzt Schluss – ich knalle den Schuss so hart aufs Tor, das er keine Chance hat." Und erwartungsgemäß jagt er den Ball meterweit über die Querlatte.

Ganz anders sieht es aus, als Dida auf Liverpools ersten Elfmeter wartet. Er steht mitten im Tor, die Hände fast reglos an den Seiten, bis der Stürmer seinen Anlauf fast beendet hat, und unternimmt keinerlei Versuch, eine Diskussion mit den Schützen anzufangen. An Mailands Sieg von 2003 war er maßgeblich beteiligt, doch bei einem der drei Schützen, die er damals halten konnte, hatte er unerlaubterweise zu früh die Torlinie verlassen, und vielleicht bewegt er sich jetzt deshalb kaum. Gegen den Schuss von Didi Hamann ist er jedenfalls machtlos, so dass die Mailänder unter Druck geraten. Noch ist zwar nichts verloren, aber den nächsten Elfmeter müssen sie unbedingt verwandeln, um den Anschluss an Liverpool nicht zu verlieren. Die Spieler, die im Mittelkreis auf ihren Einsatz warten, werden langsam nervös, doch sie müssen alle beunruhigende Gedanken verdrängen und sich konzentrieren. Der ängstliche Gesichtsausdruck von Andrea Pirlo, Mailands nächstem Schützen zeugt nicht gerade von großem Selbstvertrauen. Bezeichnend auch, dass Dudek mit dem Ball in der Hand auf Pirlo wartet und zum Elfmeterpunkt marschiert, um ihm das Leder zu überreichen. Kann ein Schiedsrichter eine derart höfliche Geste verbieten? Dem Torwart gelingt es damit, sich seinem Gegner körperlich zu nähern, und in dem er ihm den Ball gibt, sagt er im Grunde: Der gehört eigentlich mir, aber du darfst es mal versuchen.

Mal sehen, ob du mehr Glück hast als dein Kollege, der gerade verschossen hat. Pirlo wartet nervös, bis Dudek sich umdreht, dann geht die Hampelei auf der Torlinie wieder los. Im Gegensatz zu Serginho zögert Pirlo nicht lange, aber auch er ist ganz offensichtlich aus der Fassung gebracht. Jegliche Konzentration und alles Selbstvertrauen sind verschwunden. Bevor Pirlo den Ball erreicht, verlässt Dudek bereits die Torlinie, und das gibt den Ausschlag: Der Schütze spürt die Bewegung, stockt und bringt nur einen schwachen Schuss zustande, den der Torwart problemlos halten kann.

Dieser regelwidrige Elfmeter hätte eigentlich wiederholt werden müssen – und dann wäre Mailand womöglich wieder zurück ins Spiel gekommen. Doch Schiedsrichter Mejuto Gonzalez gibt das Tor; sein Assistent, der als Beobachter an der Seitenauslinie steht, hat ebenfalls keine Einwände Vielleicht hat Dudek mit seiner Show die Offiziellen genauso abgelenkt, so dass niemandem seine unerlaubte Reaktion aufgefallen ist. Mailand ist jetzt in arger Bedrängnis. Liverpools Vorsprung wird zwar etwas kleiner, weil John Arne Riise verschießt, doch als Schewtschenko zu Mailands letztem Elfmeter antritt, ist ihm klar, dass er treffen muss, damit Liverpool überhaupt noch einmal antritt. Auch ihn erwarten Dudeks Einlagen, außerdem ist ihm sicher nur zu gut in Erinnerung, dass er vor wenigen Minuten zwei 100-prozentige Torchancen vergeben hat. Der Torhüter hat seitdem jedoch zwei Bälle gehalten, somit ist sein Selbstvertrauen gigantisch.

In der Zeitlupe erkennt man es genau. Dudek vollführt erneut seine "Hallo Kumpel, schön dich zu sehen" – Nummer, aber bevor er den Ball überreicht, macht er einen Schritt zurück, so dass Schewtschenko sich nach dem Leder recken muss. Der Torwart lässt also keinen Zweifel daran, dass er die Sache in der Hand hat. Als er sich umdreht, zeugt seine Miene von höchster Konzentration.

Er feuert sich mit *self-talk* an, um seine Motivation weiter zu steigern, bevor er sich wieder dem Ball zuwendet. Er geht zurück, ohne das Leder aus den Augen zu lassen, dann erst richtet er seine Aufmerksamkeit auf Schewtschenko. Dieser zeigt seine Nervosität, indem er sich zweimal mit den Händen durchs Haar fährt, und vielleicht denkt er gerade daran, wie er in den letzten Minuten der Verlängerung versagt hat. Dann sieht er den Torwart, der wieder wie von Sinnen auf der Torlinie herumtanzt.

Die Folge ist der schwächste Elfmeter überhaupt – ausgerechnet von Europas bestem Stürmer, dem Spieler, der nur zwei Jahre zuvor ganz cool den Siegtreffer gegen Juventus Turin erzielt hatte.

Dudek muss sich kaum anstrengen und schlägt den Ball, der saft- und kraftlos mitten aufs Tor zu fliegt, verächtlich zur Seite…

(Quelle: Wie man richtig Tore schießt – Ken Bray)

Eure Konzentration auf das Aufleuchten muß ungeteilt, vollkommen und anhaltend sein. Lasst ihr es zu, dass die Aufmerksamkeit auch nur einen einzigen Augenblick lang abschweift und sich auf irgendeine äußere Sache oder Person oder irgendeine innere, sich spaltende Idee richtet, mag das Aufleuchten augenblicklich verschwinden.

(Paul Brunton)

Ein sehr wichtige Bedeutung sollte die Atmung sein. Ich bin kein Guru, kein Meister, kein Alleswisser. Das meiste von dem Wenigen was ich weiß, ist das Ergebnis von Selbsterfahrung und natürlich auch das Ergebnis von der ständigen Suche nach Erfahrungen, die andere gemacht haben. So bin ich auch auf die Ausführungen des Zen-Meisters Taisen Desimaru Roshi, auf die Atmung gekommen und mein eigenes Verständnis für die ungeheuer wichtige Bedeutung des Atmens, denn so kann ich es auch nur weiter geben.

Atmen ist ganz einfach, denke ich: Einatmen in die Körpermitte, den Atem kurz anhalten (das beruhigt den Geist) und dann langsam ausatmen. Und das alles zwanglos. Und allmählich die Zeit des ruhigen Ausatmens verlängern.
Ich erinnere mich noch an ein Gespräch, wozu das ruhige Atmen gut sei, und warum? Nun, das ruhige Atmen ist die Grundlage jeder Meditation, weil es den Geist nach innen lenkt, und bevor z.B. jemand seine autogenen Formeln suggeriert, sollte er sich beruhigen und entspannen, verinnerlichen – und dazu dient ihm die Atmung.

Die ruhige Atmung beruhigt nicht nur, sie schüttet auch – sagen die Spezialisten – das Glückshormon Endorphin aus. Okay, soweit verstanden Aber welche Bedeutung bekommt es für den Spieler? Wenn sich ein Spieler vor einem Match konzentrieren will (etwa 10 Minuten), um die Situation des Spiels im Kopf zu visualisieren, also sich vorzustellen, wie sein Pass das Ziel erreicht, oder der Torschuss, oder wie einer im Tor jeden Ball erwischt – egal wie er kommt – bevor er sich darauf konzentrieren kann, muss er sich entspannen, von Außen nach Innen schauen und hören, dass Außen und alle störenden Gedanken loslassen, und dazu dient das ruhige Atmen, auf das er sich zwanglos konzentriert. Er wird eins mit dem Atem und damit kommt er zur Ruhe mit sich. Wird eins mit sich selbst. Und dies, diese "LEERE" ist die Voraussetzung,

dass seine Formeln oder die Visualisierung das Unterbewusstsein erreichen, damit der Körper dann im richtigen Augenblick unbewusst, instinktiv und ohne störendes Denken (Angst z.B.) in das Handeln umsetzt.

Mein Fazit: Jeder muss seinen eigenen Umgang mit sich, seinem Körper, seinem Leben finden. Lernen durch Selbsterfahrung und die Neugier, wie es andere machen. Aber nicht nachmachen. Einfach ausprobieren. Einfach die Atmung ausprobieren!

Geistige Helden!

Wenn Körper und Geist nicht ruhig und friedvoll sind, werden Hindernisse für die Verwirklichung des Weges auftauchen. Wie können wir in unserem Verhalten das erreichen, was „die Einheit zwischen beständiger Übung und dem Weg" genannt wird? Wir erreichen es, wenn der Geist nicht haftet oder zurückweist, wenn der Geist weder Ruhm noch Profit erstrebt.

(Taisen Deshimaru)

Der Erfolg des Spieler, des Tormann, hängt zu 70 Prozent von der Fähigkeit ab, sich im entscheidenden Augenblick vollkommen zu konzentrieren. Konzentrieren, ich muss es noch einmal wiederholen, heißt: Nicht nur an nichts anderes zu denken, sondern überhaupt nicht denken. Denn das Denken ist mit Wollen (Zwang) und Zweifel (Angst) verbunden. Nicht-Denken heißt: Es geschehen lassen, womit man es vorher immer wieder programmiert hat.

Habe ich schon die Geschichte von Dr. Lindemann erzählt, der von Afrika nach Amerika paddelte und vorher wochenlang nur zwei Formeln täglich hunderte Male suggerierte: "Kurs West" und "Ich schaffe es", so lange, bis selbst im Delirium der Körper das vollzog, was ihm das Unterbewusstsein programmierte.

Was ich mit dem Lindemann-Beispiel sagen möchte ist, wie einfach Formeln sein können: Ich schaffe es – Kurs West – und dass man sie immer wieder und bei jeder Gelegenheit wiederholen muss = Training im Kopf und wie sie unbewusst wirken.

Wir haben, denke ich, zwei ICH. Das Denker-Ich und das Macher-Ich. Wenn das Denker-Ich entschieden hat, was wie gemacht werden soll, muss es das Macher-Ich handeln lassen. Ohne es zu kritisieren oder anzuzweifeln. Das Macher-Ich handelt aus dem Unterbewusstsein. Dort muss es programmiert werden.
Programmieren heißt: Durch Gedanken-Formeln oder bildhafte visuelle Vorstellungen programmieren, die man immer und immer wieder suggeriert: "Der Ball fliegt rechts oben ins Tor – Ich schaffe es" oder "Ich bin immer dort wo der Ball ist – Ich schaffe es"

Ein in Bewusstheit lebender Sportler empfindet nicht nur mehr und sensibler, sondern entwickelt auch in geistiger und physischer Hinsicht ein höheres Potential.

Eine Frage beschäftigt mich immer wieder: Was mache ich mit einem Spieler, der immer wieder Schwächen zeigt, der nicht an sich glaubt? Nehme ich ihn aus der Mannschaft heraus?

Wenn er nicht an sich glaubt, dann gehört nicht er heraus genommen, sondern DU!

Ja, das war die Antwort auf die ich gerade noch gewartet hatte.

Du warst nicht im Stande deinen Job richtig zu machen. Und dieser Job als Trainer und Coach ist, ihn so zu motivieren, dass er Vertrauen in sich hat, dass er an seine Stärken glaubt und dass du ihm das immer und immer wieder vermittelst. Primär heißt das auch, die Persönlichkeit stärken – dann ergibt sich die Einstellungen zu den Fähigkeiten ganz von selbst. Sprich: Fußball beginnt im Kopf. Also muss ich mich im Kopf (meine Persönlichkeit) genauso trainieren, wie das Spielen.

Ach ja…und mein lieber Coach, du musst aber zuerst – und das permanent – deine eigene Persönlichkeit stärken. Vorteil: Eine starke Persönlichkeit besitzt Autorität als Trainer Kraft eigener Persönlichkeit, die nicht aufgesetzt ist. Bei den meisten autoritären Trainer und auch den meisten anderen Lehrern, die sich vielleicht auf einen Titel berufen müssen, statt auf die starke eigene Persönlichkeit. Du musst einen Rapport zu deinen Spieler schaffen, sonst "erreichst" du sie nicht. Du musst ihre Sprache "sprechen". Begib dich auf ihre Ebene, ohne deine Autorität zu verlieren. Jedesmal, wenn du den Spielern gegenüber trittst, müssen sie spüren, dass ihr ein Team seid – let's be partners – auf der Suche nach dem besten Weg erfolgreich zu sein, Nummer 1 zu werden.

Im Sport zählen letztendlich Resultate!

Aber, wie ist das mit den typischen Angstgegner?
Ich kenne das aus eigener Erfahrung.

Glaubenssätze wie: gegen diesen Gegner kann ich einfach nicht gewinnen; bei solchen Wettkampfbedingungen kann ich keine gute Leistung bringen; es läuft derzeit einfach nicht; da kann man sowieso nichts machen. Solche vorgefasste Glaubenssätze hindern viele Sportler, ihre inneliegenden Kräfte und Ressourcen an den Tag zu legen.

Und sehr wichtig ist, das Ziel immer vor Augen zu haben, besser noch, vom Ziel wegwärts zu denken. Weißt du, Sportler, die nicht an das Erreichen eines bestimmten Ziels glauben, fühlen sich oft hoffnungslos. Sie verändern teilweise nichts an Ihren Trainingsplänen und ackern jahrelang nach den selben Trainingsprinzipien, gleichgültig, ob diese etwas bewirken oder nicht.
Im Grunde genommen ist es auch egal was sie tun – denn der notwendige Nährboden der Leistungsentfaltung fehlt.

Glaube + Werte

Der Spieler kann sich nicht genügend motivieren, da ihm der Wettkampf nicht wichtig erscheint. Gegen den auserkorenen Gegner hat er bereits schon drei Mal in Folge verloren und damit die Einstellung entwickelt, dass er diesen nicht besiegen kann. Der Glaube an die eigenen Fähigkeiten ist durch eine Niederlagenserie verloren gegangen oder was man häufig beobachten kann: Spieler entwickeln die limitierte Überzeugung, dass man im Spiel nie so locker und gut spielen kann wie im Training. Diese Ebene ist nach meiner Meinung und Erfahrung hauptverantwortlich für Niederlagen und unzureichender Leistungsfähigkeit.

Ein Beispiel, welches du in der einen oder anderen Form aus deiner eigenen Erfahrung kennen wirst: Du sollst nun den siegesentscheidenden Elfmeter ins Tor bringen. Du läufst an und hast dich für die rechte obere Ecke entschieden. Dann, wie aus heiterem Himmel, zuerst nur ein undefinierbares Gefühl, schließlich eine deutliche wahrnehmbare Stimme, die dir sagt: "Den Ball verhaust du mit Sicherheit." (innerpsychischer Streit)
Man könnte die Situation beschreiben, als ob man zwei unterschiedliche Teile in sich trägt: einen, der das Tor treffen möchte, und einen zweiten, der davon nicht überzeugt ist.
- Und hier sind wir wieder beim Denker und beim Macher ICH.

Grundsätzlich sollte eine Lebensweise so aussehen: Erkenne dich selbst. Achte auf das, was du spürst. Wenn du etwas tust, musst du es wirklich woollen. Sei gelassen in jeder Situation und allem gegenüber. Habe keine Angst vor nichts (weder vor dem Leben noch vor dem Tod). Sei perfekt im Denken und Handeln (lerne so gut zu kämpfen, dass du niemals kämpfen musst). Konzentriere dich auf das Wesentliche. Konzentriere dich auf den Augenblick. Konzentriere dich auf das Vorhandene. Respektiere und achte deine Gegner. Achte auf die Waffen deiner Gegner (alles kann eine Waffe gegen dich sein, wenn du nicht aufpasst) Sei aufgeschlossen allem Neuen gegenüber.

Doch eines muss ich dir auch sagen: Bevor du lernen kannst, andere zu besiegen, musst du erst mal lernen, gut zu stehen.

Lieber Joki, dazu fällt mir auch noch etwas ein:

Die Kunst des Kriegers lehrt uns, nicht darauf zu hoffen, dass der Feind nicht kommt, sondern darauf zu bauen, dass wir bereit sind, ihn zu empfangen; nicht auf die Möglichkeit, dass er nicht angreift, sondern auf die Tatsache, dass wir unsere Stellung uneinnehmbar gemacht haben.

Sehr gut, du lernst schnell, und wenn du deine bisherigen Einstellungen verändern willst, solltest du an die Überzeugungen denken, die du in Zukunft haben möchtest.

Was ist Erfolg?

Erfolg ist was "erfolgt" wenn wir richtig denken und handeln.
Der Spieler ist erfolgreich, der es schafft, das zu werden, was er eigentlich sein könnte. Wenn er sein Potential erkennt. Erfolgreich sein heißt: Sich von der Norm abzuheben, heißt: Mut zu haben, anders als die meisten Spieler zu reagieren und zu sein!

Viele Spieler haben ihr inneres Potential nicht voll entfaltet. Sie wurden von der Umwelt "normal" gemacht. Deshalb ist der normale Spieler nicht erfolgreich. Wenn die psychische Basis für den Erfolg fehlt, dann kann Erfolg nicht oder fast nicht erreicht werden.
Erfolg haben wirst du nur dann, wenn du bereit bist, neue Wege auszuprobieren, wenn du offen für Experimente und Alternativen bist. Nur wer bereit ist, altbekannte Grenzen zu verlassen, wird sich auch von der Masse abheben. Grenzen gibt es nur im Kopf!

Erfolg hängt u.a. auch mit positivem Denken zusammen. Will ich etwas Positives in meinem Leben schaffen, muss ich lernen, meinen Gedanken eine positive Richtung zu geben. Positives Denken heißt daher nur, zu erkennen, dass alles, was ist, mir helfen kann, auch und gerade dann, wenn es unangenehm und schmerzhaft ist. Erfolgreiche Menschen denken immer an die Möglichkeiten, die in der Situation bestehen. Sie denken, dass alles, was ihnen widerfährt, aus einem bestimmten Grund geschieht und ihnen nützen kann.

Konsequenz, ein eiserner Wille, Ausdauer und die Fähigkeit, bekannte Pfade zu verlassen, sind die Voraussetzungen für den Spitzensportler der nächsten Jahre.

Wenn ein guter Fußballer zu einem ganz großen, überdurchschnittlichen Spieler werden will, dann muss er mit Freude und Enthusiasmus dabei sein und vor allem immer wissen, was er mit dem Ball macht, noch bevor er ihn zugespielt bekommt.

(Pelé)

Hey Joki, lange nichts von Dir gehört!

Eines solltest du auch ganz klar sehen: Ein Spiel wird nicht von einem Team gewonnen – wie es immer so schön heißt – sondern nur durch den einen Spieler, der im richtigen Moment das entscheidende Tor schießt oder den entscheidenden Elfmeter hält.

Ach, ist das wirklich so, war meine leicht provokante Antwort.

Wenn du es also schaffst, durch die Arbeit mit diesem Einen erfolgreich zu sein, gewinnt er nicht nur selber an Anerkennung und Selbstvertrauen, sondern die anderen Spieler – falls sie auch an ihrem persönlichen Erfolg interessiert sind – kommen von sich aus und wollen mehr wissen, weil sie es selbst wollen, also Selbstverantwortung übernehmen. Und noch etwas: Macht der Spieler eine positive Veränderung durch, so wird er fast immer den anderen mitziehen. Diese berechnende Koinzidenz ist eines der magischen Dinge im Leben. Und sag deinen Jungs, jedem einzelnen: "Es ist *dein* Denken und *dein* Bewusstsein, das dich unbesiegbar macht, deine mentale Stärke. Durch dein Denken bist du in der Lage Energie richtig zu steuern und sie da einzusetzen, wo sie gebraucht wird. Wenn du das begriffen hast, dann steht dir nichts mehr im Wege."

Zwei Fragen muss sich jeder Sportler im Leben stellen:

1. **Wohin gehe ich?**
2. **Wer geht mit mir?**

Wenn ein Sportler diese Reihenfolge durcheinander bringt, kommt er in Teufels Küche!

Die Konzentration der Energie.

Im Kosmos ist die Energie, die den Lauf der Dinge und dein Leben bestimmt. Wenn du sie aufnimmst, gibt sie dir Kraft, alles zu erreichen. Die Energie konzentrierst du mit der Atmung. Beim Einatmen strömt sie in das Zentrum deines Körpers und sammelt sich. Beim Ausatmen entfaltet sie sich ganz, wenn du sie nicht zurückhältst.

Wenn du den Strom der Energie durch die Konzentration deiner Gedanken und Vorstellungen bündelst, kann sie ihre größte Kraft dort entfalten, wo du sie brauchst. Das ist die Konzentration der Energie, wie es dem Prinzip des Konzentrieren entspricht. Es lautet: Konzentration heißt, alle Gedanken, Gefühle und Energien auf das zu lenken, was du jetzt und hier tust. Konzentration ist nichts, was dir gegeben ist. Du übst sie täglich, bis sie dir gehorcht.

Wenn du die Energie konzentrierst, schöpfst du sie vollständig aus. Energie, die du zurückhältst, nützt dir nichts – sie schadet dir. Wie alles, was du verdrängst. Wenn du die Energie konzentrierst und dein Ziel erreicht hast, entspannst du dich. Denn die Konzentration der Energie unterliegt dem Gesetz den Spannung und Entspannung.

Und jetzt noch etwas zu "Angriff und Abwehr" aus mentaler Sicht.

Wenn du frei sein willst, hast du Gegner. Wenn du nicht tust, was andere von dir erwarten, greifen sie dich an.
Du greifst nicht an, weil du frei von Aggressionen bist, die du gegen andere richten müsstest, um dich selbst zu bestätigen.
Du wehrst nicht ab, um zu siegen, sondern um deine Freiheit zu schützen. Wenn jemand deine Freiheit angreift, lenkst du den Angriff so lange ins Leere, bis die Aggression erlahmt.

Wenn jemand deine Gefühle angreift und auf deinen Stolz oder deine Ehre zielt, ist dein Herz unbewegt. Wenn du dich weder an Stolz noch an eine Ehre klammerst, kann dich niemand verletzen.
Wenn dich jemand erpressen will, geht der Angriff ins Leere, weil du bereit bist, auf alles leichten Herzens zu verzichten. Wenn du dich an Sicherheit klammerst, bist du verwundbar.

Wenn ein Gegner dich mit seinem Angriff überrascht, ergibst du dich. Wenn der Gegner triumphiert, ist er nicht wachsam, und du schlägst überraschend zu.
In der Abwehr kennst du keine Rücksicht. Wer dich einmal angreift, soll Dich kein zweites Mal angreifen.
Wer dich im Schutz einer Autorität angreift, den lockst Du aus der Masse. Wer sich in der Masse sicher fühlt, ist allein gelassen schutzlos.
Wenn du durch einen Angriff besiegt wirst, bist du nicht geschlagen, weil du keinen Augenblick an dir zweifelst. Du erkennst, was falsch war, und lernst daraus.
Weil das manipulative Spiel an jedem Tag von morgens bis abends gespielt wird, bist du von morgens bis abends wachsam und weißt: In diesem Spiel sind alle

Gegner, weil jeder zuerst an seinen eigenen Vorteil denkt. Auch, wenn es zu deinem Nachteil ist. Das Wichtigste ist nicht, wie du dich schützt, noch wichtiger ist, dass du jederzeit dazu bereit bist.

Wenn ein Gegner dich erniedrigt, hast du keinen Hass. Dein Herz ist unbewegt. Dein ICH ist ohne Form. Wenn dein ICH ohne Form ist, hast du weder Stolz noch Ehre, Treue, Hemmungen, Skrupel oder eine andere Form.
Wenn du ohne Form bist, kann dich nichts treffen. Wenn du dich an dein ICH klammerst, bist du verwundbar. Wenn du dein ICH loslässt, ist es beweglich und kann ausweichen.

Die stärkste Abwehr ist deine innere Kraft. Ob du angreifst oder abwehrst, du konzentrierst deine ganze Energie darauf. Du zögerst nicht, damit sich der Gegner nicht vorbereiten kann. Du täuschst links und reagierst rechts. Du gibst dich geschlagen und schlägst gleichzeitig zu.
Damit du jeden Angriff abwehren kannst, trainierst du die Abwehr: Im Denken bist du entschlossen; In den Gefühlen bist du frei. Dein Körper ist beweglich, damit du den Gegner umkreisen kannst und er nie weiß, wann und wo ihn deine Abwehr trifft.

Wenn du nicht entschlossen und gut vorbereitet bist, um deine Freiheit mit allen Mitteln zu schützen, ist es besser, du gibst dich geschlagen, ehe der Gegner dich angegriffen hat. Wenn du dich geschlagen gibst, bist du nicht besiegt. Du behältst die Initiative des Entscheidens, stärkst deine Kräfte und nützt den Vorteil, dass der Gegner dich unterschätzt. Wenn du dich geschlagen gibst, ohne jede Chance zur Abwehr genutzt zu haben, gibst du dich selbst auf, und du musst dich fragen: "Was ist der Sinn meines Lebens?"
Ob du einen Angriff mit Worten oder mit dem Körper abwehrst – beides beginnt mit der Entschlossenheit in deinem Denken.

Wenn du einen Angriff nur halbherzig abwehrst, ermutigst du den Gegner zu einem zweiten Angriff.
Einen Angriff mit Worten begegnest du auf siebenfache Weise, wie es der Situation entspricht: Du schweigst und hörst gelassen zu, damit die Aggression an dir vorbei ins Leere geht, weil du nicht darauf reagierst. Du lenkst den Angriff mit Fragen ins Leere, damit der Gegner seine Aggressionen mit seinen Antworten befriedigen kann.
Du bist fröhlich, wenn der Gegner wütend ist.
Du lenkst den Angriff mit einer taktischen Zustimmung und sagst: "ja aber….." ohne dich festzulegen. Du lenkst den Gegner gezielt vom Thema seines Angriffs ab. Du legst deinen Standpunkt entschlossen dar, damit der Gegner sich entscheiden muss, wie weit er gehen will. Du gibst dem Angreifer überschwänglich recht, damit er sich als Sieger fühlt und keinen Grund mehr zum Angriff sieht. Im manipulativen Spiel sind Angriff und Abwehr Bestandteil der großen Einheit: Wenn du stark bist und weißt, was du willst, ist auch deine Abwehr stark. Wenn du entschlossen bist, deine Freiheit und dein Glück zu schützen, zögerst du nicht.
Wenn du dich selbst und den Angreifer richtig einschätzt, weißt du, ob du den Angriff abwehren kannst oder flüchten sollst.

Ja, ich bin überzeugt davon: Wir sind es wirklich selbst.
Unsere Gefühle liegen in unserer Verantwortung. Und ich glaube, dass es wesentlich einfacher ist, ein selbstbestimmtes Leben zu führen, wenn wir diesen Gedanken verinnerlicht haben. Nur wenn wir anfangen für unsere Gefühle Verantwortung zu übernehmen, können wir uns gegen die kleinen und großen Manipulationen von außen schützen.

(Quelle: Egoistenbibel)

Joki, ich muss noch mal auf das Trainieren zurück kommen, was heißt das genau?
Du willst immer alles genau erklärt haben, aber gut.

Alles was ich tue oder nicht tue (natürlich auch verdränge) nimmt seinen Anfang in meinem Kopf. Also muss ich lernen und immer wieder trainieren, wie ich im Augenblick des entscheidenden Handelns mein Denken und Fühlen von allem frei machen kann, was dem Gelingen hinderlich ist. TRAINIEREN heißt: Etwas, das ich können will, im Kopf, etwa als Formel oder als Visualisierung, so lange beharrlich zu wiederholen, bis es automatisch aus dem Unterbewusstsein heraus ohne hinderliches Denken oder ängstliches Fühlen ganz von selbst passiert.

Das Trainieren solltest du auf jeden Fall in dein Programm aufnehmen…
mein lieber Trainer und auch Coach…

Vielleicht ist jetzt ein guter Zeitpunkt für dich, dir einen Überblick zu verschaffen. Du bist zuerst einmal du selbst – spüre ich – unruhig und unsicher. Denke einfach mal ein bisschen über dich selbst nach. Steige in den Zug ein und frage dich: Was kannst du aus den bisherigen Fehlern in deinem Leben für die Zukunft lernen? Und schließe dabei auch die Dinge nicht aus, die dir unangenehm sind. Konkretisiere dein großes Ziel.

Joki, was bitte ist der Zug? Du sprichst in Rätsel!

Ein Spieler hat die Möglichkeit, wenn er die Atmung beherrscht, sich der Entspannung hinzugeben und in den "Zug" einzusteigen, der ihn zurück in seine Vergangenheit führt und er verlässt an jeder Station den Zug, an der er meint, dass hier die Ursache einer seiner Ängste gelegen sein könnte.

Erkläre ihm aber auch, dass er beobachten soll, wo er schnell vorbei fahren möchte, weil es ihm unangenehm ist auszusteigen. Sprich: Was er in all diesen Jahren verdrängt hat und weiter verdrängen möchte. Mach ihm den Begriff – Verdrängung – bewusst, und dass er sie nur los wird, die Ängste, wenn er sich ihnen stellt, statt zu flüchten. Er sollte sie auch aufschreiben, sprich – sich f r e i schreiben und dann ausführlich mit dir reden."

Der Wille zu gewinnen muss größer sein, als die Angst zu verlieren.

Ach, da fällt mir noch etwas ein, was für deine persönliche Entwicklung gut sein kann.

Ja, was denn?

Das Verhalten der Anderen. Negative Bemerkungen von anderen sollten dich nicht beeindrucken und beeinflussen. Du solltest nur selten mit Menschen zusammen sein, die negativ denken (schlechte Gesellschaft). Für deine persönliche Entwicklung ist es wichtig, mit welchen Personen du dich umgibst. Menschen, die einen aufregen, solltest du nicht als Feinde, sondern als Trainingspartner betrachten; du solltest Gegner zu Lehrern machen. Es ist notwendig zu erkennen, wie die Menschen, mit denen du es zu tun hast, wirklich sind. Dies erspart viele Überraschungen und Probleme und damit viel Energie.

Und hier die Leitsätze dazu:

Ich mache mich von der Meinung der Anderen nicht abhängig. Ich hüte mich davor, mein Leben damit zu verbringen, die Erwartungen anderer zu erfüllen. Ich warte nicht auf den Erfolg, ich verursache ihn.

Kennst du eigentlich schon meine Egoistenbibel?
Joki, deine Egoisten…was?

Es ist ein Buch, eine Bibel, die sich keiner Religion verschrieben hat, sondern nur der einen, an jedem Tag des Lebens so frei und glücklich zu sein, wie es dir aus eigener Kraft möglich ist.
In diesem Buch wird dieses Gebot der konsequenten gesunden Egoisten und die ihr zugrunde liegende Lebensstrategie zum ersten Mal ausführlich schriftlich erläutert. Wenn du es liest, solltest du dir im Klaren darüber sein, dass es allein in deinem eigenen Ermessen liegt, welcher Klasse Menschen du dich zuordnen möchtest.

Hast du schon einmal über Ängste deiner Spieler nachgedacht?
Ja natürlich, und ich denke, dass es drei große Ängste gibt.

Die Angst vor dem Versagen.
Die Angst, etwas falsch zu machen und bestraft zu werden.
Die Angst vor der Zukunft.

Ich würde keinen Druck machen, sondern sehr behutsam auf Ängste eingehen, auch unspezifische, und ihnen Lösungen vorschlagen. Bewusstmachen, was der Spieler selber wirklich will im Rest seines Lebens.
Bewusstmachen, wer er wirklich ist und erkennen, wo er so sein möchte, wie er glaubt, dass er so sein soll, aber dem nicht gerecht werden kann. Und genau das ist wahrscheinlich der Punkt, wo die Schwierigkeiten beginnen: Was will ich wirklich, was kann ich wirklich.

Weißt du, Angst ist ein wunderbarer Diener, aber auch ein furchterregender Meister. Genau wie der Schmerz kann sie dich warnen und dir gute Ratschläge

mit auf den Weg geben, aber sie kann dein Leben auch überschatten oder einschränken.

Angst verbirgt sich hinter den verschiedensten Masken.
Sie sagt z.B.: "Eigentlich interessiert mich das gar nicht" oder: "Warum soll ich mir die Mühe machen?" oder: "Das kann ich nicht."
Die wichtigsten Kämpfe mit der Angst finden nicht in der Außenwelt statt, sondern in deinem eigenen Inneren – in den Abgründen deiner Psyche, auf dem Kampfplatz des seelischen Überlebens und düsterer Schreckensphantasien, wo die Angst ständig ihre Gestalt wechselt und die verschiedensten Formen an nimmt – Selbstzweifel, Unsicherheit, mangelndes Selbstvertrauen, Schüchternheit, Hemmungen, eine Scheu davor sich durchzusetzen, sich auszudrücken oder auch nur – du selbst zu sein -

Wo immer diese Angst auch herkommen mag – wenn du vor ihr davonläufst, so wie viele Menschen emotionalen Auseinandersetzungen aus dem Weg gehen, statt sich dem Problem zu stellen und es zu lösen, erlegst du deinem Leben viele Beschränkungen auf, und du wirst zu deinem eigenen "Gefängniswärter"

Man wird jeden Tag mit seinen Ängsten konfrontiert aber Ängste sind keine Mauern, sondern nur Hürden und Mut bedeutet nicht, keine Angst zu haben, sondern seine Ängste zu besiegen.

Meine Ängste sind immer noch da. Aber ich lasse mein Leben nicht mehr von ihnen bestimmen.

Unverbindliche Anleitung für das mentale Fußball-Training

II.

"Du selbst bist der Maßstab deines Handelns, niemand anderes"

Wie kann jeder von den Jungs lernen, sich auf den entscheidenden Augenblick zu konzentrieren.

Alles Siegen ist Konzentration. Also setzen wir uns vor jedem Match in der Kabine zusammen. Entspannen uns. Atmen fünf Mal ganz ruhig und jeder denkt 30 Mal:

"90 Minuten lang bin ich EINS mit dem Ball, wo immer er auch ist. Und der Ball ist dort, wo ich will"

Und diese Formel sollen die Jungs auch an jedem Morgen daheim 30 Mal suggerieren, bevor sie zum Training oder zum Match ausrücken. Und ich sage denen noch: Einmal in der Woche kann jeder, der will, zu einem *"Lets talk meeting"* zu mir kommen, wo er sagen kann was er will. Über sich, über seine Spielweise, über seine Handlungsaktionen, seine Verhaltensweisen oder einfach nur wo nach ihm ist. Ausquatschen macht den Kopf frei für die Konzentration auf das Spiel. Nichts soll den Spieler im Kopf belasten, wenn er aufs Feld läuft.

Konzentration + Harmonie ist alles, deshalb betrachte ich alles als Ganzheit; den Spieler als Einheit von Körper, Geist und Seele.

Und meine Antwort darauf sind 7 Gedanken-Schritte. Ich hatte sie bereits am Anfang schon erwähnt.
Jeder Spieler sollte sich damit vertraut machen.

1. **Bewusstmachen, warum ich Fußball spiele. Zum Spaß. Um Anderen zu imponieren, oder will ich SIEGEN.**
2. **Die Entscheidung, nichts anderes zu akzeptieren als den SIEG.**
   Eine Niederlage ist nur der Lernakt, was mir noch zum Siegen fehlt.
3. **Der Plan, wie ich mir die Fähigkeiten aneignen kann, das Beste mir mögliche aus mir herauszuholen. Der Glaube an mich selbst – Die tägliche Energieformel.**
4. **Die Hindernisse erkennen und auflösen, die mich am Siegen hindern. Die Konzentration mit den Ängsten und Zweifeln.**
5. **Die Selbstlenkungstechnik: "Ich bin so wie ich denke und ich werde so, wie ich immer wieder denke"**
6. **Das tägliche suggestive Training. Das Trainieren der Formel nach der Geschichte von Dr. Lindemann: "Kurs West" und "Ich schaffe es"**
7. **Und dan – Die Selbstkontrolle – mit der "Mutter" aller Fragen: WARUM? Warum habe ich den Ball vor dem Tor verschossen? Warum habe ich den Elfmeter nicht gehalten? Was ging in meinem Kopf vor?**

Dazu noch folgendes Programm, welches sich aus 4 Stufen zusammensetzt:

A)

Gruppengespräche zur gemeinsamen Aussprache, um Ressentiments der Spieler untereinander auszuräumen. Dies in drei Einheiten in jedem Meeting: Das aktuelle Thema wird vorgetragen, von mir als Trainer oder einem Spieler, der was auf dem Herzen hat.
Dann eine Viertelstunde der *Stillen Zeit* in der jeder in einem Notizbuch

aufschreiben kann, was ihm dazu einfällt. Eine von mir moderierte Aussprache, worauf geachtet wird, dass JEDER seine Meinung sagt, ohne das sie bewertet werden darf.

Und: Wer kritisiert, <u>muss sagen</u> wie er es besser machen würde.

B)

Das Loslassen vor dem Spiel.

Zehn Minuten *Stille Zeit.* Jeder schreibt in sein Notizbuch, was er loslässt, damit es seiner Konzentration im Spiel nicht (im Kopf) hinderlich ist. Das lässt er dann (bildlich) in der Kabine zurück!

C)

Die tägliche Visualisierung (bildliche Vorstellung) jedes Spielers, seiner Funktion entsprechend (5-10 Minuten):

- **Wie der Ball beim Schuss ganz automatisch ins Tor fliegt.**
- **Wie der Pass ganz von selbst dorthin fliegt, wo ich ihn haben will.**
- **Wie ich als Tormann EINS mit dem Ball bin, egal woher er kommt oder wohin er fliegt, weil ich immer EINS mit ihm bin.**

D)

Erlernen des *self-talk*

Hier werden persönliche Gefühle und Gedanken angesprochen, die bestimmt Verhaltensweisen und Handlungen auslösen. Self-talk hat aber nur die erwünschte Wirkung, wenn es positiv ist! Z.B. Elfmeterschießen: "Wenn ich treffe, muss der Gegner noch mal antreten und wenn sie dann verschießen, sind wir wieder im Rennen" ist FALSCH!

Hier dominiert nicht die positive Einstellung, dass er den Schuss sicher verwandeln würde, sonder er dachte nur daran nicht zu verschießen.

Gegen seinen Willen rückt das Scheitern in den Vordergrund, welches die entsprechende Verhaltensreaktion hervor ruft. Besser ist im Self-talk (auf dem Weg zum Elfmeterpunkt): "Den Ball nach rechts, Schulterhöhe, Winkel."

Der Spieler muss in Zukunft die unangenehmen, störenden und negative Selbstgespräche durch positive und konstruktive Gedanken ersetzen.

Erläuterungen

III.

Rapport

Grundvoraussetzungen:

Es gibt viele Begriffe, die bezeichnen, was zwischen zwei Menschen, die in gutem Kontakt stehen, passiert: man hat einen guten Draht, die gleiche Wellenlänge, die Chemie stimmt, man findet sich sympathisch u.ä.

Wenn diese Voraussetzungen gegeben sind, laufen Besprechungen und Verhandlungen – auch wenn man inhaltlich vielleicht verschiedene Standpunkte vertritt – unproblematisch ab.

Was kann man aber tun, wenn dieser Kontakt auf der Beziehungsebene nicht von selbst besteht?

Die Grundvoraussetzung heißt: ***Wenn ich jemand - auch argumentativ - zu einem Ziel führen will, muss ich ihn zuerst dort abholen, wo er sich jetzt befindet.***

Dieses "Abholen" geschieht vor allem dadurch, mit dem anderen möglichst viele Gemeinsamkeiten herzustellen. Je mehr solcher Ähnlichkeiten existieren, desto leichter wird der Zugang zum Gesprächspartner werden. In diesem ersten Schritt spiegelst du praktisch nur dein Gegenüber wieder, der sich dadurch akzeptiert und verstanden fühlen wird.

Erst wenn dies geschafft ist, kannst du anfangen, die Führung im Gespräch zu übernehmen.

Die verschiedenen Ebenen, auf denen du deinen Gesprächspartner "abholen" kannst.

1. Körper

Begib dich zu Beginn des Gesprächs unmerklich in eine ähnliche Körper- oder Sitzhaltung wie dein Partner. Übernehme auch Elemente der Motorik und Gestik deines Partners. Wenn du dies eine Zeit lang getan hast, veränderst du probeweise deine Sitzhaltung, um herauszufinden, ob der andere dir "folgt", d.h. seine Haltung deiner angleicht. Tut er dies, weißt du, dass du jetzt die Führung im Gespräch übernehmen darfst.

2. Stimme

Sinnvoll ist auch, die Stimme (und damit die Stimmung) des anderen anfangs zu übernehmen, z.B. in Bezug auf Lautstärke, Sprechgeschwindigkeit, Rhythmus, Dialekt, Lieblingswörter.

3. Bevorzugte Sinneskanäle

Sehr wirkungsvoll wirst du deinen Gesprächspartner abholen können, wenn du in der Lage bist, deine Argumente auf seinen bevorzugten Sinneskanälen zu präsentieren.

4. Einfühlvermögen

Notwendig ist natürlich ein grundsätzliches Verstehen (Sich-Hinein-Denken/Hineinfühlen) in die Argumente des anderen, um dann zuerst einmal die Gemeinsamkeiten zwischen seiner und deiner Position zu finden.

Self-Talk

Besonders wirkungsvoll ist *self-talk*, wenn er nicht aus dem Stegreif erfolgt, sondern auf frühere Erfahrungen zurück greift und auf gewisse wiederkehrende Situationen abgestimmt ist. So lässt sich die Konzentration oder die Aufmerksamkeit in wichtigen Augenblicken wieder herstellen – bei Abwehrspielern zum Beispiel hinsichtlich der Manndeckung in gefährlichen Standardsituationen, bei Stürmern kurz vor einem schwierigen Schuss.

Schlüsselsätze können sein:

“Ich schaffe es”
“Bleib cool Junge”
“Hopp, auf gehts”
“Achtung jetzt”
“Heute gibts Feuer”
“Ich bin heute besser als mein Gegner”

Es ist darauf zu achten, wie die Schlüsselgedanken gesagt werden. Ist die innere Stimme sanft, motivierend, aufbrausend, streng, lahm, lethargisch, zitternd, glaubwürdig…?
Man spricht immer in einer positiven Form und es kann auch ein leichter Erregungszustand dabei sein. Da jeder Gedanke Energiepotential besitzt, hat jeder Gedanke die Tendenz sich zu verwirklichen.

Trainieren

Alles was du können willst, trainierst du so lange, bis es ganz von selbst geschieht. Du programmierst eine Vorstellung in dein Unterbewusstsein, bis du nicht mehr daran zu denken brauchst, weil es ganz von selbst geschieht. Zuerst trainierst du den Geist, dann trainierst du den Körper. Durch das Trainieren werden Geist und Körper eins, und dein Körper vollzieht, was du im Denken in dein Unterbewusstsein programmiert hast.

Die größten Hindernisse des Trainierens sind Zweifel und Ungeduld. Wenn du nicht daran glaubst, was du erreichen willst, erreichst du es nicht. Wenn du es erzwingen willst, sind Geist und Körper nicht in Harmonie. Nicht der Wille führt ans Ziel, sondern die Kraft deiner Vorstellung. Wenn du ein Ziel erreicht hast, lässt du den Erfolg in dir wirken, ohne daran zu denken, was morgen ist. Der Weg zum Ziel ist die Spannung, nach dem Erfolg entspannst du dich, um neue Energie wachsen zu lassen.
Die Strategie im Training deines Lebens beruht auf der Einheit der Fähigkeiten und Lernschritte.

Die Lernschritte des Lebens

Du machst dir bewusst und ganz klar, wer du bist, wo du stehst, was du wirklich willst und warum alles so ist, wie es gerade ist.
Du entscheidest dich ohne Kompromiss für dein oder das konkrete Ziel, das du erreichen willst.
Du machst dir einen Plan, wie du dein Ziel erreichen kannst.
Du analysierst die Hindernisse, die dem Erreichen des Ziels im Wege stehen, und findest die Ursachen dafür. Sei ehrlich mit dir selbst.
Du kontrollierst dein Denken und dein Handeln und lernst aus Fehlern und Erfolgen._Wenn du im Training sagst: "Das kann ich nicht", hast du das Training beendet, ehe du es überhaupt begonnen hast. Denn niemand kann etwas, ehe er es nicht gelernt und lange genug trainiert hat.
Wenn du im Training sagst: "Das ist schwierig", wird es tatsächlich schwierig, weil du dein Unterbewusstsein mit einer vorauseilenden Entschuldigung programmiert hast.
Wenn dir im Training und im Handeln etwas nicht gelingt und du sagst: "Ich habe eben Pech gehabt", entziehst du dich der Verantwortung für dein Handeln.
Sich im Training von niemanden bestätigen zu müssen und frei von jedem äußeren Druck zu sein, stärkt ganz von selbst, Schritt für Schritt, deine Selbstsicherheit.

Das Atmen

Das Atmen gehört zum Rhythmus deines Lebens. Du übst das richtige Atmen, bis es ES dich richtig atmet. Beim ruhigen tiefen Einatmen spürst du, wie Energie in dich strömt. Beim ruhigen langen Ausatmen spürst du, wie sich Geist und Körper mit der Kraft des Kosmos füllen.

Es heißt sogar: Wenn die Energie und die Kraft des Kosmos tief in deinen Körper aufgenommen werden, wachsen dir übernatürliche Kräfte zu.
Wer aber Angst hat, der atmet flach und kurz. Wer stark ist, atmet voll und tief.
Wenn du den Körper mit der Energie füllst, atmest du in das Zentrum unterhalb des Nabels.
Wenn du einen kranken Punkt des Körpers mit der heilenden Kraft des Kosmos füllst, lenkst du den Atem genau zu diesem Punkt und stellst dir vor, wie sich der Punkt erwärmt und heilt.

In der richtigen Atmung schaffst du Harmonie in dir und deiner Konzentration. In der Offensive greifst du mit dem Ausatmen an. Beim Einatmen bist du verwundbar. Wenn du Angst verspürst, atmest du sie kräftig aus. Wenn du Ärger verspürst, atmest du den Ärger kräftig aus. Wenn du Kraft und Konzentration brauchst, atmest du sie mit all deiner Kraft ein.

Hier noch mal zur Verdeutlichung:

Die folgende Atemübung ist sofort durchführbar. Wenn du keine Erfahrung mit Meditation hast, solltest du zunächst mit 5 Minuten anfangen. Später kannst du Die Zeit steigern.
Richtiges Atmen heißt: Kurz einatmen in das Zentrum unterhalb des Nabels. Atmung kurz anhalten (ca. 4 Sek.)

Dann gaaaannz langsam ausatmen. Dieses Atmen muss man sorgfältig in kleinen Schritten ausbauen. Das Ausatmen sollte allmählich immer länger dauern. Diese Atmung beruhigt den Geist. Und wenn der Geist beruhigt ist, kann er sich auf diese EINE SACHE besser konzentrieren.

Loslassen – Zulassen

Du lässt alles los, was dich belastet und krank macht. Du lässt alles zu, was dich frei und glücklich macht.

Wenn du im Leben lebst, und eins mit dir und dem Kosmos bist, gibt es nichts, was du zu fürchten brauchst.

Du lässt die Ängste los, du lässt die Ungeduld los. du lässt die Zweifel los und alles, was deinem Glück und deiner Freiheit im Wege steht.

Beim Loslassen und Zulassen übst du die positive Projektion:

Du entspannst dich, schließt die Augen und atmest tief ein, was du zulassen willst. Du stellst dir vor, wie es dich erfüllt, wie du eins damit bist und es dich frei, stark und glücklich macht.

Du schließt die Augen und atmest lange und kräftig aus was du loslassen willst.

Du stellst dir vor, wie es vollständig Gedanken und Körper verlässt, du spürst, wie du frei, stark und glücklich bist.

Du machst dich vom Handeln frei, um zu denken. Du machst dich vom Denken frei für das Nicht-Denken.

Im Nicht-Denken entsteht die Kraft der Intuition, und die Lebensenergie des Kosmos kann dich durchströmen.

Wenn du gedacht hast, entscheidest du. Wenn du entschieden hast, handelst du.

Im Handeln lässt du alles los, was dein Handeln stört.

Du lässt das Wissen von gestern los, wenn das Wissen von heute es ersetzt.

Ziele/Zielsetzung

Im Fußball muss der Spieler lernen, zwischen Leistung und Ergebnis zu unterscheiden. Das Ergebnis, meist als Sieg oder Niederlage definiert, kann den Einzelnen entmutigen, da er den Spielausgang selten alleine in der Hand hat: Niemand kann sich persönlich das Ziel setzen, eine bestimmte Begegnung zu gewinnen oder die WM-Trophäe zu erringen. Manch einer engagiert sich sehr für ein gutes Ergebnis und zeigt dabei überragende persönliche Leistungen. Scheitert das Team dennoch, so wird dieser Spieler extrem demotiviert, was wiederum häufig zu Selbstzweifel und Angst und somit erneutem Versagen führt.

Überschaubare Leistungsziele sind dagegen tatsächlich erreichbar: Ein Spieler kann sich beispielsweise das persönliche Ziel setzen, mehr Elfmeter zu verwandeln, etwa seine Quote innerhalb einer gewissen Zeit von 50 Prozent auf 75 Prozent zu erhöhen. Setzt er dies tatsächlich um, so fördert es sowohl seine technischen Fähigkeiten als auch sein Selbstvertrauen, und er versagt dann nicht so schnell, wenn er unter Druck gerät. Dieser Ansatz wird auch als "Treppenmodell" bezeichnet – die einzelnen Unteraufgaben stellen die Stufen dar, über welche die Fußballer nach und nach das gesetzte Ziel erreichen.

Diese Methode eignet sich besonders zur Reduzierung von somatischer Angst, da das schrittweise Vorgehen sowohl die Technik als auch das Selbstvertrauen fördert.

Ein Champion wird man nicht durch Zufall, sondern zuerst und vor allem dadurch, dass man es will, dass man ehrgeizige Ziele setzt, dass man den Willen hat, die Position der Nr. 1 zu erreichen. Dazu kommen als weitere Stärken die Beharrlichkeit und die Ausdauer.

Lösungsorientierung

Der beste Weg, das zu verhindern, was schlecht funktioniert, ist mehr von dem zu tun, was gut funktioniert.

Lernen

Neue Fähigkeiten zu lernen ist leicht. Alte Gewohnheiten abzulegen ist hart.

Energiesparende Erfolgseinstellungen

Ich gebe immer meine beste Leistung.
Ich bin stolz darauf, wie körperlich fit ich bin.
Es wird mir eine reine Freude sein, meine Leistungen unter Beweis zu stellen.
Meine Grundeinstellung ist immer positiv.
Ich bin bestrebt, positiv und begeistert zu sein, ganz gleich, was geschieht.
Ich bin bereit, den Preis zu zahlen, was immer geschieht.
Ich bin erfolgreich.

Noch etwas in eigener Sache

Du reifst durch das Glück, aber genauso durch das Unglück. Wenn du nicht unglücklich warst, kannst du nicht glücklich sein. Du reifst durch die Abhängigkeit für die Freiheit. Du hörst nie auf, vom einen für das andere zu lernen.

Aus fast allen überlieferten Texten geht hervor, dass die stärkste befreiende Kraft des gesunden Egoismus darin besteht, die natürlichen Bedürfnisse des Lebens zu befriedigen und sich auf das zu konzentrieren, wofür man sich entschieden hat. Wenn erst mal die Entscheidung gefällt ist, sein Leben nach eigenen Maßstäben im Rhythmus der Natur auszurichten und sich täglich durch Training zu stärken, ergeben sich daraus die Antworten auf alle wichtigen Fragen des Lebens ganz von selbst.

Allerdings zählt nur, wer die Antwort nicht nur weiß, sondern sein Wissen durch sein Handeln auch verwirklicht. Der Maßstab dabei ist nicht unser Bemühen, sondern allein das Ergebnis des Bemühens! Dabei scheint es nicht wichtig zu sein, wie erfolgreich im herkömmlichen Sinne man ist, sondern der Erfolg besteht darin, an jedem Tag alles an diesem Tag Mögliche getan zu haben, um sich abends vor dem Einschlafen sagen zu können: "Heute war ich glücklich." Wobei es offensichtlich der Fall sein kann, dass eine Niederlage, aus der man lernt, glücklicher macht als ein triumphaler Sieg.

Entscheidend ist, beharrlich und geduldig Schritt für Schritt auf sein Ziel loszugehen.

Geduld ist nicht passiv zu bewerten, im Gegenteil, sie ist konzentrierte Stärke.

Abschließend noch diese interessante Erkenntnis

Wenn du jeden Tag nur darauf achtest und handelst, was dir von anderen angeboten wird, baust du an den Plänen anderer, die deine Fähigkeiten für ihren Vorteil nutzen. Und wenn du dich eines Tages nach dem Sinn deines Lebens fragst, wirst du sagen müssen: Ich habe nicht für mich gelebt, sondern nur für andere.

Frage dich jetzt, ob du das wirklich willst.

Arbeite hart an dir selbst

Nachwort

Liebe Leser, mein Buch - Ich lasse Dampf ab! - ist nicht mehr und nicht weniger als das, was Sie daraus machen. Es ist nur eine Wegbeschreibung auf der Suche nach sich selbst. Es verspricht nichts und verpflichtet zu nichts. Es belehrt niemanden, sondern enthält ausschließlich Anregungen für die Entwicklung seiner eigenen Fähigkeiten und Potentiale.

Aber Sie werden sehen, dass selbsterzieherische Veränderungen im täglichen Training zum großen Erfolg führen.

Keep going... the facts will show!